团 体 标 准

旅游景区客车类型划分及等级评定

Type Dividing and Class Rating for Tourist Attractions Bus

T/CHTS 20006—2019

主编单位：中国公路车辆机械有限公司
　　　　　中国公路学会客车分会
发布单位：中国公路学会
实施日期：2019 年 05 月 01 日

图书在版编目(CIP)数据

旅游景区客车类型划分及等级评定(T/CHTS 20006—2019) / 中国公路车辆机械有限公司,中国公路学会客车分会主编. — 北京:人民交通出版社股份有限公司,2019.3

ISBN 978-7-114-14980-1

Ⅰ. ①旅… Ⅱ. ①中… ②中… Ⅲ. ①旅游区—客车—评定 Ⅳ. ①U469.1

中国版本图书馆 CIP 数据核字(2019)第 037691 号

标准类型:	团体标准
标准名称:	旅游景区客车类型划分及等级评定
标准编号:	T/CHTS 20006—2019
主编单位:	中国公路车辆机械有限公司 中国公路学会客车分会
责任编辑:	郭红蕊　韩亚楠
责任校对:	尹　静
责任印制:	张　凯
出版发行:	人民交通出版社股份有限公司
地　　址:	(100011)北京市朝阳区安定门外外馆斜街 3 号
网　　址:	http://www.ccpress.com.cn
销售电话:	(010)59757973
总 经 销:	人民交通出版社股份有限公司发行部
经　　销:	各地新华书店
印　　刷:	北京市密东印刷有限公司
开　　本:	880×1230　1/16
印　　张:	1.25
字　　数:	22 千
版　　次:	2019 年 3 月　第 1 版
印　　次:	2019 年 3 月　第 1 次印刷
书　　号:	ISBN 978-7-114-14980-1
定　　价:	200.00 元

(有印刷、装订质量问题的图书由本公司负责调换)

中国公路学会文件

公学字〔2019〕28号

中国公路学会关于发布《旅游景区客车类型划分及等级评定》的公告

现发布中国公路学会标准《旅游景区客车类型划分及等级评定》（T/CHTS 20006—2019），自2019年5月1日起实施。

《旅游景区客车类型划分及等级评定》（T/CHTS 20006—2019）的版权和解释权归中国公路学会所有，并委托中国公路车辆机械有限公司负责日常解释和管理工作。

中国公路学会

2019年3月29日

前　言

为规范旅游景区客车的类型划分及等级评定,制定本标准。

本标准按照《中国公路学会标准编写规则》(T/CHTS 10001)编写,共分为 5 章,主要内容包括:范围、规范性引用文件、术语、类型和等级划分及等级评定要求。

本标准实施过程中,请将发现的问题和意见、建议反馈至中国公路车辆机械有限公司(北京市丰台区北京西站南广场中盐大厦 A 座 606;联系电话:010-61930214;电子邮箱:kcxh@vip.sina.com),供修订时参考。

本标准由中国公路车辆机械有限公司、中国公路学会客车分会提出,受中国公路学会委托,由中国公路车辆机械有限公司负责具体解释工作。

主编单位:中国公路车辆机械有限公司、中国公路学会客车分会

参编单位:安徽安凯汽车股份有限公司、国家汽车质量监督检验中心(襄阳)、江苏省旅游局、郑州宇通客车股份有限公司、北汽福田汽车股份有限公司、中通客车控股股份有限公司、厦门金龙联合汽车工业有限公司、金龙联合汽车工业(苏州)有限公司、厦门金龙旅行车有限公司、珠海广通汽车有限公司、比亚迪汽车工业有限公司、上汽大通汽车有限公司、上海申龙客车有限公司、湖南中车时代电动汽车股份有限公司、重庆车辆检测研究院有限公司、烟台舒驰客车有限责任公司、金华青年汽车制造有限公司、中国汽车工程研究院股份有限公司、欧科佳(上海)汽车电子设备有限公司、郑州奥特科技有限公司、中汽客汽车零部件(厦门)有限公司、河南少林客车股份有限公司、烟台创为新能源科技有限公司、厦门威迪思汽车设计服务有限公司

主要起草人:胡选儒、于雅丽、梁博、邢艳、詹庚庆、佘振清、王华、贾琰歌、秦志东、杨洪洲、洪贵阳、梁丰收、童爱东、郭飞、王克车、言艳毛、李连、安学锋、陈燕、王家训、谢翠颖、廖瑗、黄海平、赵大平、瞿胜杰、洪伟艺、朱东梅、李明明、陈都

主要审查人:王晓曼、翁垒、周海涛、李刚、张红卫、任海峰、高利、李宏光、陈涛、申福林

T/CHTS 20006—2019

目　次

1 范围 ··· 1
2 规范性引用文件 ··· 2
3 术语 ··· 3
4 类型和等级划分 ··· 4
5 等级评定要求 ··· 5
　5.1 一般规定 ··· 5
　5.2 基本要求 ··· 5
　5.3 未设置乘客站立区的旅游景区客车特殊要求 ··· 6
　5.4 设有乘客站立区的旅游景区客车特殊要求 ··· 7
　5.5 等级评定规则 ··· 7
用词说明 ·· 11

旅游景区客车类型划分及等级评定

1 范围

本标准规定了旅游景区客车类型划分及等级评定要求。

本标准适用于旅游景区运送游客的客车。

2 规范性引用文件

下列文件对于本标准的应用是必不可少的。凡是注日期的引用文件,仅所注日期的版本适用于本标准。凡是不注日期的引用文件,其最新版本(包括所有的修改单)适用于本标准。

GB/T 3730.1　汽车和挂车类型的术语和定义
GB 7258　机动车运行安全技术条件
GB 12676　商用车辆和挂车制动系统技术要求及试验方法
GB 13094　客车结构安全要求
GB/T 13594　机动车和挂车防抱制动性能和试验方法
GB 14166　机动车乘员用安全带、约束系统、儿童约束系统和ISOFIX儿童约束系统
GB 14167　汽车安全带安全固定点、ISOFIX固定点系统及上拉带固定点
GB/T 17729　长途客车内空气质量要求
GB/T 18386　电动汽车　能量消耗率和续驶里程试验方法
GB 19239　燃气汽车专用装置的安装要求
GB/T 23334　开启式客车安全顶窗
GB/T 25982　客车车内噪声限值及测量方法
GB 30678　客车用安全标志和信息符号
GB 34655　客车灭火装备配置要求
GB/T 36883　液化天然气汽车技术条件
JT/T 325　营运客车类型划分及等级评定
JT/T 782　营运客车爆胎应急安全装置技术要求
JT/T 1030　客车电磁击窗器
JT/T 1094　营运客车安全技术条件
JT/T 1095　营运客车内饰材料阻燃特性
QC/T 476　客车防雨密封性限值及试验方法
QC/T 633　客车座椅
QC/T 997　客车全承载整体框架式车身结构要求
QC/T 1048　客车应急锤
QC/T 1091　客车空气净化装置技术条件

3 术语

GB/T 3730.1、GB 7258 和 JT/T 325 界定的以及下列术语和定义适用于本标准。

3.0.1 旅游景区客车 tourist attractions bus

旅游景区运送游客的客车。

4 类型和等级划分

4.0.1 旅游景区客车分为未设置乘客站立区的旅游景区客车和设有乘客站立区的旅游景区客车两类,并分别符合下列要求:

1 未设置乘客站立区的旅游景区客车,乘客均应坐在座位上,不允许站立。

2 设置乘客站立区的旅游景区客车,允许乘客站立,应有限速装置或功能,车速不大于70km/h。

4.0.2 旅游景区客车按车长分为特大型、大型、中型和小型四种,见表4.0.2。

表4.0.2 类型划分(单位:m)

类型	特大型	大型	中型	小型
车长 L	$13.7 \geqslant L > 12$	$12 \geqslant L > 9$	$9 \geqslant L > 6$	$6 \geqslant L \geqslant 4.8$

4.0.3 旅游景区客车等级划分应符合下列要求:

1 未设置乘客站立区的旅游景区客车分为普通级、高一级和高二级。

2 设置乘客站立区的旅游景区客车中型及以上分为普通级、高一级和高二级,小型客车只有普通级。

5 等级评定要求

5.1 一般规定

5.1.1 旅游景区客车主要评定内容包括：客车结构、底盘配置、车身配置、安全性、动力性、舒适性、节能环保及服务设施等。

5.2 基本要求

5.2.1 旅游景区客车应配备应急出口、车门应急开关、应急锤敲击点等安全标志，安全标志应符合 GB 30678 的规定。

5.2.2 旅游景区客车的乘客门应急控制器应符合 GB 13094 的要求，车辆处于静止状态时，每扇乘客门均应能通过车门应急控制器从车内和车外打开，即使车外将门锁住时，仍能从车内开启车门。

5.2.3 旅游景区客车出口数量应符合 GB 13094 的规定。

5.2.4 旅游景区客车应急窗附近应安装符合 QC/T 1048 要求的应急锤，应急锤取下时应能通过声响信号实现报警。驾驶员座位附近应配置应急锤。若配置自动破窗装置，应设置自动破窗装置开关，该装置的破窗功能应符合 JT/T 1030 的规定。若配置动力控制乘客门，应设置易于驾驶员操作的乘客门应急开关。

5.2.5 动力控制乘客门应具有防夹功能，并符合 GB 13094 的要求。

5.2.6 旅游景区客车应安装符合 GB/T 13594 规定的 1 类防抱系统要求的制动防抱死系统(ABS)。

5.2.7 旅游景区客车应安装符合 GB 12676 规定的辅助制动装置。如安装电涡流缓速器，安装部位应设置温度报警系统或自动灭火装置。

5.2.8 旅游景区客车如安装车轮爆胎应急安全装置，其性能应符合 JT/T 782 的规定，并通过仪表向驾驶员显示。

5.2.9 旅游景区客车应安装符合 QC/T 1091 规定的空气净化装置。

5.2.10 旅游景区客车内空气质量应符合 GB/T 17729 的规定。

5.2.11 旅游景区客车座椅尺寸规格应符合 QC/T 633 的规定。

5.2.12 旅游景区客车不应在车内通道和安全引道内设置折叠座椅。应急门安全引道设置折叠座椅的，座椅在打开状态下，其引道宽度应符合 GB 7258 的要求。

5.2.13 旅游景区客车内饰材料性能应符合 JT/T 1095 的规定。

5.2.14 液化石油气(LPG)和压缩天然气(CNG)旅游景区客车其专用装置的安装应符合 GB 19239 的规定。液化天然气(LNG)旅游景区客车其专用装置的安装应符合 GB/T 36883 的规定，并应配备断流阀及泄漏报警装置。

5.2.15 纯电动旅游景区客车和混合动力旅游景区客车动力电池箱内应配备具有报警功能的自动灭火装置。

5.2.16 旅游景区客车应配备符合 GB 34655 规定的灭火装置。

5.2.17 采用气压制动的旅游景区客车制动储气筒的工作气压应大于或等于1 000 kPa。

5.2.18 防雨密封性应符合QC/T 476的规定。

5.2.19 三轴旅游景区客车的第三轴应具有随动转向功能。

5.2.20 旅游景区客车应装备至少两个停车楔。

5.2.21 旅游景区客车应备有废弃物存放装置。

5.2.22 旅游景区客车(小型车除外)应在第一排设立导游人员站立靠背垫及扶手等相应的安全设施,并应在车辆前门后第一排靠通道位置设立导游专用座椅。

5.2.23 旅游景区客车应预留急救箱存放空间,急救箱应放置在便于取用的位置并确保有效适用。

5.2.24 混合动力旅游景区客车应采用40 km/h等速法测试的纯电动工况,续驶里程应不小于50 km。纯电动旅游景区客车应采用40 km/h等速法测试的纯电动工况,续驶里程应不小于200 km。测试条件应符合GB/T 18386的规定。

5.2.25 纯电动旅游景区客车动力电池系统总质量与整车整备质量的比值应不大于20%。

5.3 未设置乘客站立区的旅游景区客车特殊要求

5.3.1 旅游景区客车驾驶区上方不应布置地板。

5.3.2 旅游景区客车应在乘客门附近车身外部易见位置,用高度大于或等于100 mm的中文及阿拉伯数字标明该车的座位数(含驾驶员)。

5.3.3 车长大于9 m的旅游景区客车右侧应至少配置两个乘客门。后置发动机的旅游景区客车后轮后方不应设置乘客门。

5.3.4 中型以上旅游景区客车应设置具有行李约束装置的车内行李架。

5.3.5 旅游景区客车外推式应急窗数量应符合JT/T 1094的要求(中型旅游景区客车对车长大于7 m的要求)。

5.3.6 车长大于9 m的旅游景区客车(不包含氢燃料电池客车),应至少配置2个安全顶窗;车长大于7 m且小于或等于9 m的旅游景区客车(不包含氢燃料电池客车),应至少配置1个安全顶窗。开启式安全顶窗应符合GB/T 23334的要求。

5.3.7 车长小于或等于7 m的旅游景区客车应急窗(除推拉窗外)附近应配置应急锤和具有自动破窗功能的装置,该装置的破窗功能应符合JT/T 1030的规定。

5.3.8 旅游景区客车车顶不应布置压缩天然气(CNG)、液化天然气(LNG)和液化石油气(LPG)气瓶。

5.3.9 驾驶员座椅、前排乘客座椅、驾驶员座椅后和乘客门后第一排座椅、最后一排中间座椅及应急门引道处座椅,应装备三点式安全带。安全带应符合GB 14166的规定,其固定点应符合GB 14167的规定。

5.3.10 在车内乘客易见位置应设置安全带佩戴提醒标识,高一级、高二级旅游景区客车应装备乘客安全带佩戴提醒装置。

5.3.11 旅游景区客车座椅或椅背适当位置应设储物袋。

5.3.12 旅游景区客车应装备符合 JT/T 1094—2016 中第 4.1.6 条要求的具有存储和上传功能的车内外视频监控系统以及具有行驶记录功能的卫星定位系统车载终端。

5.4 设有乘客站立区的旅游景区客车特殊要求

5.4.1 车长大于 6m 的设有乘客站立区的旅游景区客车,车身两侧的车窗,若洞口可内接一个面积大于或等于 800mm×900mm 的矩形时,应设置为推拉式或外推式应急窗。

注:侧窗洞口尺寸在车辆制造完成后从侧窗立柱内侧测量。

5.4.2 旅游景区客车安全顶窗应符合 GB 7258 的要求。

5.4.3 客舱内扶手或吊环的数量及位置应符合 GB 13094 的规定。乘客在站立区域的每个位置,应可以握到至少两个扶手或拉手。扶手距地板高度应不小于 800mm,不大于 1 900mm,且两者中至少有一个距地板高度不大于 1 500mm。

5.4.4 车顶布置压缩天然气(CNG)、液化天然气(LNG)和液化石油气(LPG)气瓶的旅游景区客车应符合 GB 7258 的相关规定。

5.5 等级评定规则

5.5.1 本标准第 5.1~5.4 节规定的所有评定要求皆为等级评定必要条件,具体见表 5.5.1-1 和表 5.5.1-2,如有任意项与标准条款不符将不予评定相关等级。

表 5.5.1-1 未设置乘客站立区的旅游景区客车等级评定性能指标

评定项目		特大型客车			大型客车			中型客车			小型客车		
		高二级	高一级	普通级	高二级	高一级	普通级	高二级	高一级	普通级	高二级	高一级	普通级
客车结构	发动机位置[a]	后/中	后/中	—	后/中	后/中	—	后/中	后/中	—	—	—	—
	乘客门结构和数量(个)	单扇/2	—/2	—/2	单扇/2	—/2	—/2	—/2	—/2	—/2	—/2	—/2	—/2
	应急门	√	√	√	√	√	√	√	√	√			
	车内行李架	√	√	√	√	√	√	√	√	√			
	外推式应急窗	√	√	√	√	√	√	√	√	√			
	安全顶窗	√	√	√	√	√	√						
	全承载式车身结构[b]	√	√	√	√	√	√	—					
	通道宽(mm)	≥350	≥350	≥350	≥350	≥350	≥300	≥350	≥350	≥300	≥300	≥300	≥300
底盘配置	悬架结构形式[c]	A、B	A、B	—	A、B	A、B	—	A、B	A、B、C	—	C	C	—
	制动系 前桥盘式制动器	√	√	√	√	√	√	√	√	√	√	√	√
	制动系 ABS(1类)	√	√	√	√	√	√	√	√	√	√	√	√
	制动系 蹄片间隙自调装置	√	√	√	√	√	√	√	√	√	√	√	√
	制动系 缓速器	√	√		√	√		√					
	制动系 其他辅助制动装置	—	—		—	—		√	√	√	√	√	√
	动力转向	√	√	√	√	√	√	√	√	√	√	√	√

表 5.5.1-1(续)

评定项目		特大型客车			大型客车			中型客车			小型客车		
		高二级	高一级	普通级	高二级	高一级	普通级	高二级	高一级	普通级	高二级	高一级	普通级
底盘配置	车轮及轮胎 无内胎子午线胎	√	√	√	√	√	√	√	√	√	√	√	√
	胎压监测报警系统(限于单胎的车轮)	√	√	√	√	√	√	√	√	√	√	√	√
	爆胎应急安全装置(限于转向车轮)	√	√	√	√	√	√	√	√	√	√	—	—
	电磁风扇离合器或其他节能风扇散热系统	√	√	√	√	√	√	√	√	—	√	—	—
动力性	比功率(kW/t)[d]	≥11.0	≥10.0	≥9.0	≥12.5	≥11.0	≥9.0	≥13.0	≥12.0	≥11.0	≥20.0	≥18.0	≥12.0
舒适性	配置	冷暖	冷暖	冷或暖	冷暖	冷暖	冷或暖	冷暖	冷暖	冷或暖	冷暖	冷暖	冷或暖
	制冷量(人均)(kJ/h)	≥2 000	≥1 900	≥1 800	≥2 000	≥1 800	≥1 800	≥1 900	≥1 900	≥1 800	≥1 900	≥1 900	≥1 800
	供热量(人均)(kJ/h)	≥2 000	≥1 900	≥1 800	≥2 000	≥1 800	≥1 800	≥1 900	≥1 900	≥1 800	≥1 900	≥1 900	≥1 800
	强制通风换气量(人均)(m^3/h)[e]	≥25	≥25	≥25	≥25	≥25	≥25	≥25	≥25	≥25	≥25	≥25	≥25
	温度自动控制装置	√	√	—	√	√	—	√	√	—	√	√	—
	空气净化装置(不小于人均10m^3/h)	√	√	—	√	√	—	√	—	—	√	—	—
	车内噪声(v_a=50km/h)[dB(A)]	≤69	≤72	≤75	≤69	≤72	≤75	≤70	≤72	≤75	≤70	≤72	≤75
	坐垫宽(mm)	≥440	≥440	≥420	≥440	≥440	≥420	≥440	≥440	≥420	≥440	≥440	≥420
	座椅深(mm)	≥440	≥440	≥420	≥440	≥440	≥420	≥440	≥440	≥420	≥440	≥440	≥420
	靠背高(mm)	≥720	≥680	≥650	≥720	≥680	≥650	≥720	≥680	≥650	≥720	≥680	≥650
	靠背角度可调(调节角度向后15°～30°)[f]	√	√	—	√	√	—	√	√	—	√	√	—
	扶手(靠通道)	√	√	√	√	√	√	√	√	√	√	√	√
	座椅脚蹬	√	√	—	√	√	—	—	—	—	—	—	—
	座间距(同方向)(mm)	≥760	≥740	≥720	≥740	≥720	≥700	≥740	≥720	≥700	≥680	≥670	≥650
服务设施	汽车安全带	√	√	√	√	√	√	√	√	√	√	√	√
	卫星定位系统车载终端	√	√	√	√	√	√	√	√	√	√	√	√
	CAN总线	√	√	√	√	√	√	√	√	√	—	—	—
	影音播放及麦克风设备[g]	√	√	√	√	√	√	√	√	√	√	√	√

表 5.5.1-1(续)

评定项目		特大型客车			大型客车			中型客车			小型客车		
		高二级	高一级	普通级	高二级	高一级	普通级	高二级	高一级	普通级	高二级	高一级	普通级
服务设施	导游专用座椅	√	√	√	√	√	√	√	√	√	—	—	—
	急救箱预留空间	√	√	√	√	√	√	√	√	√	√	√	√

注："√"-要求配置；"—"-不做规定。

a 前置发动机机舱在客舱外，且在车外设舱盖时，可视同为中、后置。
b 全承载式车身结构应符合 QC/T 997 的规定。
c A-前独立及后气囊；B-全气囊；C-前独立及后为少片板簧不大于四片或后独立(例：A、B；B、C——两种形式中任一种均可)。
d 比功率等于发动机净功率与最大设计总质量之比，其中不包含新能源客车。
e 换气量(人均)等于安全顶窗风扇、独立式风扇、空调新风风扇进气量之和与核定的乘员人数(乘客人数+驾驶员+导游员)的比值。
f 应急门前排座椅靠背不可调。
g 多媒体影音播放及麦克风设备的音频系统在车厢前后应音调均衡，小型车不要求安装麦克风设备。

表 5.5.1-2 设置乘客站立区的旅游景区客车等级评定性能指标

评定项目			特大型			大型			中型			小型
			高二级	高一级	普通级	高二级	高一级	普通级	高二级	高一级	普通级	普通级
客车结构	发动机位置a		后	后	后	后	后	—	后	后	—	—
	乘客门净宽度(双/单引道)(mm)		≥1 200/650									
	安全顶窗		√	√	√	√	√	√	√	√	√	—
	通道地板离地高度b(空载)(mm)		≤380	≤380	≤900	≤380	≤380	≤900	≤380	≤650	≤900	≤680
	第一级踏步高度c(前/中/后)(mm)		≤340/360/360	≤360/360/360	≤360d/380/380	≤340/360/360	≤360/360/360	≤360d/380/380	≤340/360	≤360/380	≤360d/380	≤360d/380
底盘配置	悬架结构形式		B	B	—	B	B	—	B	—	—	—
	制动系	桥盘式制动器(前/后)	√/√	√/—	√/—	√/√	√/—	√/—	√/√	√/—	—	—
		ABS(1类)	√	√	√	√	√	√	√	√	√	√
		蹄片间隙自调装置	√	√	√	√	√	√	√	√	√	√
		缓速装置	√	√	√	√	√	√	√	√	√	√
		辅助制动装置	—	—	—	—	—	—	—	—	√	√
	动力转向		√	√	√	√	√	√	√	√	√	√
	车轮及轮胎	无内胎子午线胎	√	√	√	√	√	√	√	√	√	√
		胎压监测报警系统(限于单胎的车轮)	√	√	√	√	√	√	√	√	√	√
		爆胎应急安全装置(限于转向车轮)	√	√	√	√	√	√	√	√	√	√
	电磁风扇离合器或其他节能风扇散热系统		√	√	—	√	√	—	√	√	—	—

表 5.5.1-2（续）

评定项目		特大型			大型			中型			小型
		高二级	高一级	普通级	高二级	高一级	普通级	高二级	高一级	普通级	普通级
动力性	比功率[c]（kW/t）	≥10.5	≥9.5	≥8.0	≥11.0	≥10.0	≥8.0	≥11.0	≥10.5	≥9.5	≥12.0
舒适性	配置	冷或暖	冷或暖	—	冷或暖	冷或暖	—	冷或暖	冷或暖	—	—
	制冷量（有站立区按客舱容积[f]）[kJ/(h·m³)]	≥1 880	≥1 880	—	≥1 880	≥1 880	—	≥1 880	≥1 880	—	—
	供热量（有站立区按客舱容积）[kJ/(h·m³)]	≥1 670	≥1 670	—	≥1 670	≥1 670	—	≥1 670	≥1 670	—	—
	强制通风换气量[g]（人均）(m³/h)	≥20	≥20	—	≥20	≥20	—	≥20	≥20	—	—
	温度自动控制装置	√	√	—	√	√	—	√	√	—	—
	空气净化装置（不小于人均10m³/h）	√	√	—	√	√	—	√	√	—	—
	车内噪声[h][dB(A)]	≤80	≤80	≤82	≤80	≤80	≤82	≤80	≤80	≤82	≤84
	坐垫宽(mm)	≥420	≥420	≥400	≥420	≥420	≥400	≥420	≥420	≥400	≥400
	座间距（同方向）(mm)	≥680	≥680	≥650	≥680	≥680	≥650	≥680	≥680	≥650	≥650
服务设施	优先座椅	√	√	√	√	√	√	√	√	√	√
	导游专用座椅	√	√	√	√	√	√	√	√	√	—
	残疾人轮椅通道或轮椅固定装置	√	—	—	√	—	—	—	—	—	—
	车内电子显示屏	√	√	√	√	√	—	√	√	—	—
	CAN 总线	√	√	—	√	√	—	√	√	—	—
	影音播放及麦克风设备[i]	√	√	√	√	√	√	√	√	√	√
	急救箱预留空间	√	√	√	√	√	√	√	√	√	√

注："√"-要求配置；"—"-不做规定。

[a] 前置发动机机舱在客舱外，且在车外设舱盖时，可视同为中、后置。
[b] 通道地板离地高度在1轴和2轴之间的车辆中心线处测量。
[c] 第一级踏步高度按 GB 13094 的规定测量，可以使用车身升降系统或伸缩踏步达到此要求。
[d] 对于采用机械悬架的车辆，该值不大于 380mm。
[e] 比功率等于发动机净功率与最大设计总质量之比，其中不包含新能源客车。
[f] 客舱容积(m³)＝客舱内宽(m)×内高(m)×内长(m)。
[g] 换气量（人均）等于安全顶窗风扇、独立式风扇、空调新风风扇进气量之和与核定的乘员人数（乘客人数＋驾驶员＋导游员）的比值。
[h] 车内噪声的测试按 GB/T 25982 规定的方法进行。
[i] 多媒体影音播放及麦克风设备的音频系统在车厢前后应音调均衡，小型车不要求安装麦克风设备。

5.5.2 除汽车产品公告目录项目和本标准第5.2.19条和第5.2.20条中的项目要求外，其他标准项目如第一次未通过评定，可进行整改并提请复评。

5.5.3 通过3C认证的进口客车申请旅游景区客车等级评定时，也应按照本标准执行。

用 词 说 明

1 本标准执行严格程度的用词,采用下列写法:
1) 表示严格,在正常情况下均应这样做的用词,正面词采用"应",反面词采用"不应"或"不得"。
2) 表示允许稍有选择,在条件许可时首先应这样做的词,正面词采用"宜",反面词采用"不宜"。
3) 表示有选择,在一定条件下可以这样做的用词,采用"可"。
2 引用标准的用语采用下列写法:
1) 在标准条文及其他规定中,当引用的标准为国家标准或行业标准时,应表述为"应符合×××××的有关规定"。(×××××为标准编号)
2) 当引用标准中的其他规定时,应表述为"应符合本标准第×章的有关规定""应符合本标准第×.×节的有关规定""应按本标准第×.×.×条的有关规定执行"。